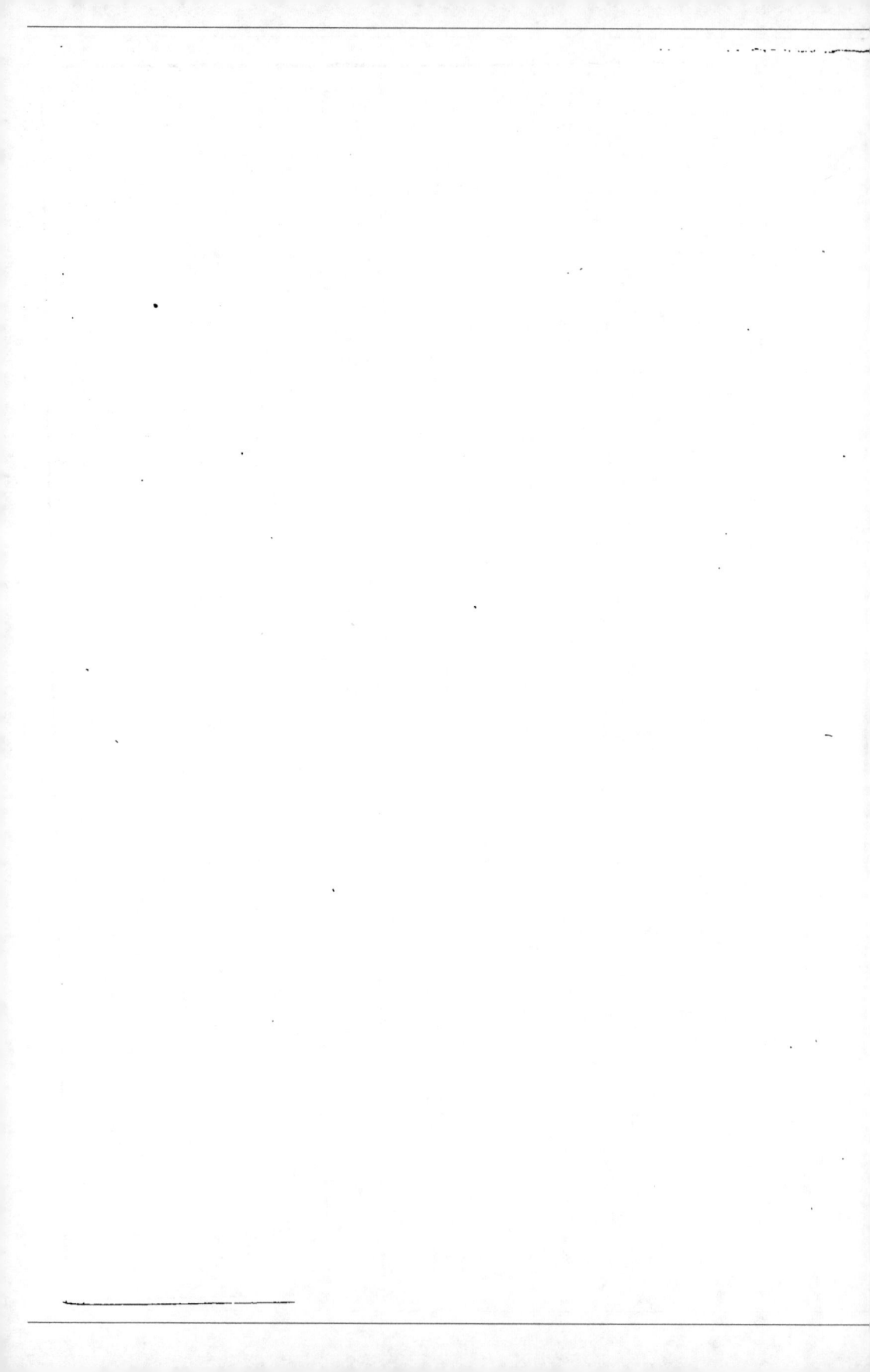

ÉTUDE HISTORIQUE

SUR

Sᵀ GALACTOIRE

ÉVÊQUE DE LESCAR

PAR

HILARION BARTHETY

PAU

LÉON RIBAUT, LIBRAIRE-ÉDITEUR

—

M DCCC LXXVIII

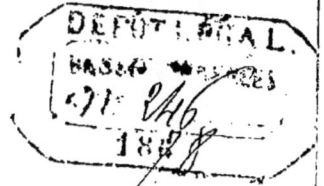

ÉTUDE HISTORIQUE

SUR

SAINT GALACTOIRE

ÉVÊQUE DE LESCAR

PAU, IMPRIMRRIE VIGNANCOUR. — F. LALHEUGUE IMPRIMEUR.

ÉTUDE HISTORIQUE

SUR

S^T GALACTOIRE

ÉVÊQUE DE LESCAR

PAR

HILARION BARTHETY

PAU

LÉON RIBAUT, LIBRAIRE-ÉDITEUR

M DCCC LXXVIII

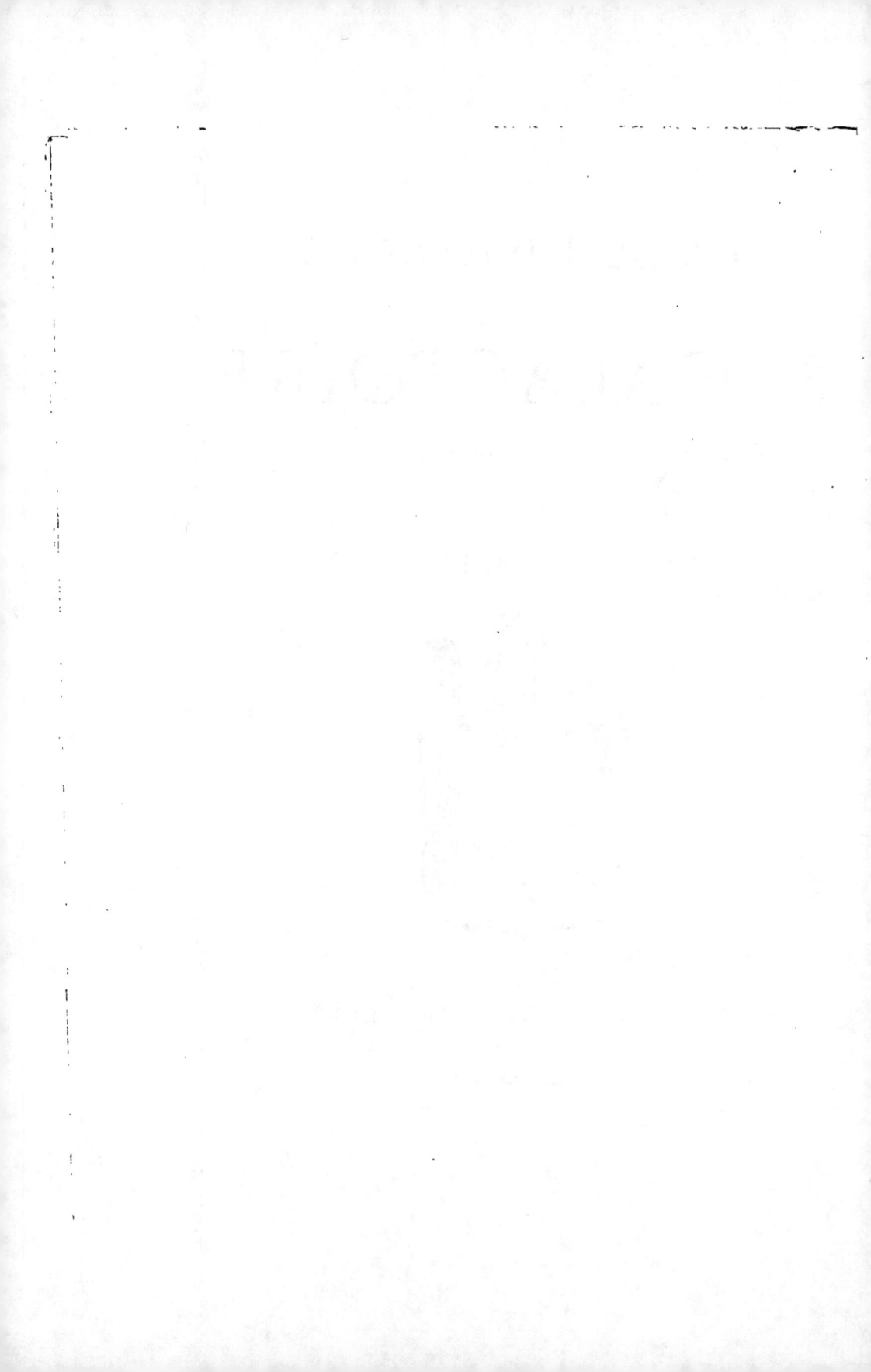

AVANT-PROPOS

Cinq ou six jours seulement nous séparaient encore de celui de la Fête de « Saint Galactoire, évêque de Lescar », — *ou, pour mieux dire, évêque de Beneharnum* — *(27 juillet), lorsque nous avons eu la pensée d'écrire, pour un des journaux de Pau, un article d'actualité sur ce grand prélat, dont le souvenir s'effaçait malheureusement de plus en plus, même parmi la population Lescarienne. Réunissant aussitôt les documents dont nous pouvions disposer, nous avons rédigé cette simple étude historique, dont le* Mémorial des Pyrénées *a fait avec empressement l'insertion dans ses colonnes (n^os des 27 et 30 juillet dernier, 1er, 6 et 8 août courant). Nous n'avions pas l'intention de publier autrement notre rapide travail; si nous nous déterminons maintenant à le reproduire, c'est pour nous rendre au désir de quelques amis, qui estiment que les plus modestes recherches touchant le passé de notre pays de Béarn, excitent parfois un vif intérêt et méritent alors d'être soigneusement constatées.*

H. B.

Lescar , 12 Août 1878.

SAINT GALACTOIRE

ÉVÊQUE DE LESCAR

———

I

On n'ignore pas que Lescar, aujourd'hui simple chef-lieu de canton, voisin de Pau, était jadis le siége d'un évêché que la révolution vint supprimer en 1790.

L'évêché de Lescar avait remplacé, dès le XIᵉ siècle, celui de Beneharnum, cette antique cité qui, la première, dans la région pyrénéenne, entendit les préceptes de la foi catholique, au commencement du Ve siècle, et que la terrible invasion Normande détruisit complètement en 845.

Aussi, dans les anciens cartulaires, la liste des évêques de Lescar est-elle précédée de la désignation des prélats qui avaient occupé le siège de Beneharnum.

Parmi ces premiers, deux se rendirent particulièrement illustres par leur zèle apostolique et leurs vertus ; leurs noms ont été inscrits sur le martyrologe de l'Eglise. Ce sont St-Julien et St-Galactoire.

Nous ne voulons que mentionner ici St-Julien, diacre de l'Eglise de Trèves, qui, vers l'an 407, vint convertir au christianisme le Béarn encore idolâtre. Il a été le sujet d'une homélie prononcée à Lescar, le 21 août 1856, jour de la fête patronale, par un digne prêtre, M. l'abbé Laplace, et ce travail, remarquable à plusieurs titres, a été publié ensuite, en brochure, par son auteur (¹).

Si le pieux souvenir de St-Julien est toujours conservé à Lescar par l'existence d'une église sous

(1) Pau, E. Vignancour, 1857.

ce vocable, dans la ville basse, il n'en est pas de même pour la mémoire, cependant bien précieuse, de St-Galactoire. Mais ce dernier a également sa fête marquée dans le calendrier du diocèse.

Cette fête arrive le 27 juillet. Tous les Béarnais, spécialement les Lescariens, doivent la célébrer haut le cœur, car elle leur rappelle, en même temps qu'un prélat éminent, un vaillant soldat et un glorieux martyr.

St-Galactoire est le premier évêque connu comme successeur de St-Julien au siége de Beneharnum.

Alaric II, roi des Visigoths en Espagne, quoique Arien, permit aux évêques catholiques de ses Etats de se réunir dans la ville d'Agde en Languedoc. Parmi ceux qui se trouvèrent à cette assemblée et qui étaient arrivés des diverses provinces alors sous la domination de ce prince, nous voyons St-Galactoire, accompagné de St-Grat, évêque d'Oloron. C'est le premier acte de sa vie dont le souvenir soit parvenu jusqu'à nous.

Ce concile fut tenu le 11 septembre de l'an 506; il avait pour but d'importants règlements devant rame-

ner la discipline dans le clergé, au milieu des boule-
versements causés par les hérétiques.

L'année suivante, Galactoire était rentré dans son
diocèse, lorsque les Francs vainquirent Alaric et se
rendirent maîtres de l'Aquitaine. Animé par son
patriotisme et inspiré par la foi la plus vive, il
n'hésita pas à joindre ses efforts à ceux de Clovis
pour combattre l'arianisme. Le glaive d'une main,
le crucifix de l'autre, il partit à la tête de soldats
Béarnais et rencontra l'ennemi près de Mimisan, sur
les côtes de la Gascogne. Il fit des prodiges de
valeur, mais accablé par le nombre, il fut fait pri-
sonnier. En vain, les Ariens lui firent alors les plus
belles promesses pour qu'il consentit à abjurer sa
foi ; en vain, dans le même but, ils employèrent
les tortures. Furieux de son héroïque résistance, ils
le massacrèrent lâchement.

C'est ainsi que Galactoire sut défendre à la fois
sa patrie et sa religion et mériter la double cou-
ronne du martyre.

Son corps fut transporté à Beneharnum et inhumé
dans cette cité avec toute la solennité que com-

mandait la vénération des fidèles pour la mémoire du saint pontife.

Ses reliques ont été longtemps conservées avec une fervente piété dans la cathédrale de Lescar.

Nous allons voir comment les troubles du calvinisme les firent disparaître dans la seconde moitié du XVIᵉ siècle.

II

Parmi les diverses époques qui ont été marquées en Béarn par des événements extraordinaires, il en est une vers laquelle la pensée populaire se porte à peu près exclusivement, comme si cette époque embrassait à elle seule toute l'histoire du pays ; elle donne lieu, dans nos campagnes surtout, à des récits légendaires que l'on écoute avec une curiosité mêlée presque toujours d'effroi : nous voulons parler du « temps de la reine Jeanne. »

Vers le millieu du XVIe siècle, notre contrée était encore profondément catholique ; cependant l'étendard de l'hérésie, dressé par des disciples de Luther et de Calvin, commençait à se montrer pour former une secte sous le titre de « la Réforme ».

Ce fut alors que Jeanne d'Albret, reine de Navarre,

abjura la religion de ses pères et entreprit de propager, par tous les moyens, les nouvelles doctrines.

Lescar se trouvant la première ville épiscopale de Béarn, devait être, par conséquent, le théâtre des premières épreuves. La cathédrale Notre-Dame attira particulièrement l'attention de la souveraine.

Sur le point de porter la désolation dans tous les lieux saints, Jeanne pouvait se dire que ce monument, remarquable par ses vastes proportions et sa magnificence, avait été embelli de plus en plus, jusque-là, par la pieuse générosité de ses ancêtres. Mais elle l'avait choisi pour y faire la cène dans une éclatante cérémonie et donner ainsi à un peuple nombreux le spectacle de sa dévotion.

C'était en 1563. La veille du jour où elle devait se rendre à Lescar, dans cette intention, avec plusieurs seigneurs, elle y envoya des commissaires pour enlever de l'intérieur de la cathédrale les objets de toutes sorte rappelant, d'après elle, « l'idolâtrie des papistes. »

Poeydavant, dans son *Histoire des troubles religieux du Béarn*, rapporte ainsi les désordres accomplis : « On y démolit les autels, on y renversa les images, on les effaça tellement qu'il n'en subsista plus aucune trace ; il en était resté quelques débris qui avaient échappé à la fureur du fanatisme : ils furent livrés aux flammes dans une petite place qui était entre le cloître et l'église. »

Cet auteur ne mentionne point l'enlèvement, à cette date, des reliques de St-Galactoire. Il constate plus loin qu'elles furent violées en 1569, lorsque la cathédrale de Lescar, après avoir repris une partie de ses ornements et de ses biens et vu rétabli l'exercice du culte catholique pendant le séjour du vicomte de Terride en Béarn, devint encore une fois, de la part des calvinistes commandés par Montgomery, le principal sujet des déprédations sacrilèges. Alors, dit Poeydavant, « la châsse de St-Galactoire, évêque de cette église, où on la conservait, fut enlevée ; ses reliques réduites en cendres ; les vases saints pillés ; les mausolées des anciens rois de Navarre placés dans la même église y furent aussi ruinés. »

Nous nous sommes demandé si cet historien n'a pas commis une erreur en ne fixant pas à l'année 1563 l'enlèvement de la châsse de St-Galactoire, la cathédrale Notre-Dame ayant été alors complètement désolée ; nous avons été amené ainsi à faire d'autres recherches.

Le sujet qui nous occupe est des plus dignes,
puisqu'il se rattache à de saintes reliques; il doit donc
être traité avec les dispositions les plus sérieuses,
en même temps qu'avec un soin scrupuleux. Cette
observation nous paraît nécessaire, car, après le
recommandable ouvrage de Poeydavant, nous allons
présenter ici même un document inédit qui, par
sa forme, n'indique pas tout d'abord qu'il constitue un
travail rigoureusemeut exact.

Nous voulons parler d'une *églogue* de notre compa-
triote Fondeville, avocat au Parlement de Navarre,
qui vivait en 1700 et nous a laissé diverses poésies
béarnaises dont il était l'auteur. Il n'est resté de
cette églogue qu'un manuscrit très-incorrect possédé
aujourd'hui par la Bibliothèque de la ville de Pau.
Nous avons apprécié l'intérêt de cette œuvre, qui porte
sur les controverses théologiques et les événements
religieux du XVIᵉ siècle. L'auteur habitait Lescar, sa
ville natale, où il avait pu recueillir les renseignements
les plus précis, ayant à sa disposition les précieuses
archives de l'Hôtel-de-ville, qui furent incendiées en
1787, et celles, tout aussi importantes, soit de l'évêché, soit du chapitre, dont il fut fait des *auto-da-fé*
en 1793, par quelques révolutionnaires trop égarés.

Il faut croire, en lisant ces vers de Fondeville, que
le poète avait tenu à produire autre chose qu'une
œuvre d'imagination, bien que, pour donner de
l'entrain à la pièce, il eût mis en jeu des person-
nages supposés, dont l'un fait parfois des réflexions
piquantes et malignes.

III

Nous prenons le récit de Fondeville au moment où allaient s'opérer les enlèvements dans la cathédrale de Lescar, en 1563, la veille du jour où la reine Jeanne devait y faire la cène. Nous n'en reproduisons que les fragments essentiels, pour éviter de longs détails sans importance pour notre étude, quoique autrement fort curieux, et nous faisons suivre le texte béarnais de la traduction française exigée par un certain nombre de nos lecteurs :

MENJOU.

Are quoan u chiquet habem prengut haléne
Pe plaseré, Roudgè, de prene dounc la péne
D'acaba deus malhurs lou recit coumensat,
Qui causa nouste Jeanne en lou sègle passat,
Et sustout à Lescar, dehens la cathedrale
Qui de tout lou Bearn ère la principale?
. . . .

PEYROT.

Que disèn deus editz alabetz lous calounges?

ROUDGÉ.

Disèn qu'aquetz editz que passèren coum sounges
Et qu'eths de serbi Diu nou cessèren jamés,
D'aquiu que bin après, au cap de quauque més,
Que defendut habèn en latii lous cantadges.
Las glèyses que debèn despulha deus imadges,
Coum hén lous coumetutz, u dissapte matii,
Purmèramentz, a Pau, la gleyse sent Martii.
Puixs biengoun a Lescar, sus l'hore de coumpletes.

PEYROT.

Qui houn lous emplegatz?

ROUDGÉ.

                    Lou president Salettes,
Labigne, counselher, lou premountré d'Etchart.
Ourdis que receboun abantz deu lou depart.
. . . .

Etchart dounc l'ourdounance enter las maas que porte
Et dret enta la glèyse ana debant la porte.
....

Deus calounges talèu arriba lou sendic,
Seguit de tout lou Cors, cadu gran cathoulic,
Et sustout de Dupuy, d'Auditz et de Latorte.
Etchart, d'aute coustat, per agi dab maa horte,
Hé trouba sus lou loc bingt huganautz goufitz
Qui de permè per eth èren estatz chausitz.

....

Coum u bèt arraujous nou hé que turmenta-s
Requerin que calè despulha lous autas,
Car sustiéne hasè, dab mile babioles,
Que n'èren lous autas que nidz de las idoles.
Puixs que calè brisa figures et tablèus
Ta n'adoura d'esprit que lou soul Diu deus ceus.
Eth aquo requeri coum artigle purmayre.

....

PEYROT.

Que digou lou sendic aus senhous coumissaris?

ROUDGÉ.

Lou sendic defendou toustemps lous sanctuaris,
Sus lousquoaus n'habè pas la regine poudé,

Ni sus l'espirituau nade cause a bedé.
Eth digou, d'aute part, que las causes sacrades
Nou debèn pas esta per lous laicxs toucades,
Nou pas tant soulamentz dab lou soul cap deu digt.
. . . .
Puixs, per d'autes rasous que lou sendic pourtabe,
Au noum deu Capitoul, digou que s'oupousabe
Qu'anèssen, mèy abant, a l'executiou,
Lous Senhous deu counselh dab lur coumissiou.
Mes Etchart requeri que housse passat outre.
Et parlant au Sendic, que l'apera pelhoutre,
Layrou, capeyranot, idoulàtre, papaut.
Biste l'executiou que requeri plus haut.

. . . .
Sus tout so de sacrat se passèn lous debis.
Quoan houn prou debisat, hou prounounsat l'abis,
Qui hou fort aproubat de toute l'assemblade,
Segoun louquoau debè toute cause sacrade
Esta per caperaas prese dessus l'auta,
Laquoale lou sendic poudoure recacta,
Sustout lous courpouraus, paténes et calicis
Et tout so de sacrat per lous santz sacrificis,
Dap la capse tabé, hèyte d'argent et d'aur,
Oun ère sus l'auta, barrat coum u thesaur,
Lou cors deu glourious et gran Sant Galatori,
Dab lou libes anticxs qui disèn soun histori
Et la de *Sant Juliaa*, dab lous miracles grans
Qui hén, tant qui biscoun, aquetz abesques santz.
Deu mage auta hou dounc debarade la capse
Per quoate caperaas, gens de force et d'escapse;

Et d'autes que boutan, cadu dens soun estut,
Lous calicis sacratz, coum èro permetut.
De tout so de sacrat lou sendic hou dounc mesté;
Et coum nou boulè pas esta present au reste,
Ni bede lous autas debant eth doumadja,
Dab lous sous coumpanhous a l'oustau s'aplega.

. . . .

(TRADUCTION.)

MENJOU. — Maintenant que nous nous sommes
un peu reposés, — Vous plairait-il, Roudgé, de
prendre la peine — D'achever le récit commencé des
malheurs — Que causa notre Jeanne, dans le siècle
passé, — Surtout à Lescar, dans la cathédrale — Qui
de tout le Béarn était la principale? — ... — PEYROT.
— Que disaient alors des édits les chanoines? —
ROUDGÉ. — Ils disaient que ces édits passeraient
comme des rêves — Et qu'eux ne cesseraient jamais
de servir Dieu. — On vit peu de temps après, au
bout d'un mois, — Qu'on avait défendu de chanter
en latin. — Les églises, on devait les dépouiller des
images, — Comme firent les commissaires, un
samedi matin, — Premièrement, à Pau, pour l'église

St-Martin ; — Puis ils vinrent à Lescar, à l'heure de
complies. — Peyrot. — Qui étaient les employés ?
— Roudgé. — Le président Salettes, — Lavigne ,
conseiller, le prémontré Etchart. — Ils reçurent les
ordres avant leur départ. — .... — Etchart donc
porte l'ordonnance entre les mains. — En allant
droit vers l'église, il arriva devant la porte. — ... —
Des chanoines aussitôt arriva le syndic, — Suivi de
tout le Corps , dont chaque membre était grand
catholique, — Et surtout de Dupuy, d'Auditz et de
Latorte. — Etchart, d'un autre côté, pour agir avec
main-forte, — Fit se trouver là même vingt hugue-
nots *confits* (bien préparés), — Qui auparavant avaient
été choisis par lui. — .... — Comme un véritable
enragé, il ne fit que se tourmenter, — Intimant qu'il
fallait dépouiller les autels, — Car il soutenait, par
mille motifs futiles, — Que les autels n'étaient que
les nids des idoles. — Puis, qu'il fallait briser figures
et tableaux, — Pour n'adorer d'esprit que le seul
Dieu des Cieux. — Il fit cette réquisition comme
premier article. — .... — Peyrot. — Que dit
le Syndic à MM. les commissaires ? — Roudgé. —
Le Syndic défendit constamment les sanctuaires, —
Sur lesquels la reine n'avait pas de pouvoir, — Non
plus que rien à voir sur le spirituel. — Il dit, d'autre

part, que les objets sacrés — Ne devaient pas être
touchés par les laïques, — Pas même seulement avec
le bout du doigt. — .... — Puis, par d'autres raisons
que le Syndic portait, — Au nom du chapitre, il
dit qu'il s'opposait — A ce qu'allâssent plus avant,
vers l'exécution, — MM. les commissaires avec leur
commission. — Mais Etchart ordonna qu'il fut passé
outre. — Et parlant au syndic, il l'appela mal vêtu,
— Voleur, petit prêtre de rien, idolâtre, papiste. —
Et vite il requit l'exécution sur un ton plus élevé.
— .... — Sur tout ce qu'il y avait de sacré
se passa la discussion. — Quand on eut assez discuté,
on prononça l'avis, — Qui fut fort approuvé par
toute l'assemblée, — Selon lequel devait tout objet
sacré — Être, par des prêtres, pris sur l'autel, —
Pour que le Syndic pût le caser ailleurs, — Surtout
les corporaux, patènes et calices — Et toute chose
sacrée pour les saints sacrifices, — *Avec la châsse
aussi, faite d'argent et d'or, — Où était, sur l'autel,
placé comme un trésor, — Le corps du glorieux et grand*
Saint-Galactoire, — *Avec les livres anciens qui disaient son histoire* — Et celle de *Saint-Julien*, avec les
grands miracles — Que firent, tant qu'ils vécurent,
ces évêques saints. — *Du maître autel fut donc des-
cendue la châsse — Par quatre prêtres, gens de force et*

d'adresse ; — D'autres mirent, chacun dans son étui,
— Les calices sacrés, comme on l'avait permis. —
De tout ce qui était sacré le syndic fut donc maître ;
— Et comme il ne voulait pas assister à la fin (des
enlèvements) , — Ni voir endommager les autels
devant lui, — Avec ses compagnons il rentra à la
maison.

. . . .

Nous ne nous arrêterons pas à examiner la valeur
littéraire de l'œuvre du poète Lescarien, qu'on ne
peut guère juger, d'ailleurs, par les courts extraits
que nous en avons détachés dans la pensée exclusive
d'une recherche historique.

Or, ces extraits démontrent, par leur simplicité et
leur clarté, que Fondeville avait une sérieuse con-
naissance des faits par lui mis en scène ; et comme
il les écrivait dans un temps où la tradition en conservait facilement encore le souvenir, dans un temps
où existaient, à Lescar même, les meilleures sources
de renseignements, nous demeurons persuadé que
ce travail est l'expression fidèle de la vérité.

C'est donc en 1563, plutôt qu'en 1569, que fut
enlevée du maître-autel de la cathédrale de Lescar

la châsse « *argentée et dorée* » *où se trouvait le corps de St-Galactoire, avec les vieux livres qui parlaient de lui.* Comment admettre, en outre, que des reliques fussent restées, en 1563, dans un lieu qui était devenu un temple pour la religion réformée ?

Les tombeaux des anciens princes du Béarn durent être respectés tant que Jeanne-d'Albret eut la force de les sauvegarder ; on s'explique ainsi que leur violation n'ait été consommée qu'en 1569, par la fureur des soldats de Montgomery, quand furent pillés de nouveau les ornements qui venaient d'être restitués pour le service du culte catholique. Mais qu'avait-on fait, depuis 1563, des reliques de St-Galactoire ? D'après le récit de Fondeville, tout ce qui était sacré passa entre les mains du syndic du chapître : ces reliques ne furent donc pas brûlées alors. Tout porte à croire cependant qu'elles ne furent pas rapportées par la suite dans la cathédrale Notre-Dame.

Sans doute, elles avaient été placées, au plus vite, en lieu sûr. Nous parlerons plus loin d'une découverte qui pourrait bien s'y rattacher et qui n'eut lieu que deux siècles après.

Quant à la châsse, « faite d'argent et d'or, » elle
était recherchée en 1568, ainsi que le constatent des
pièces authentiques que nous devons parcourir.

~~~~~~~

IV

Un conseil ecclésiastique avait été institué par Jeanne d'Albret, au commencement de l'année 1563, pour régler les affaires d'administration religieuse.

Parmi les arrêts qu'il fut appelé à prononcer, plusieurs sont relatifs à la restitution des «meubles» de l'église ou du temple de Lescar; ils portent les dates des 20 mai, 16 et 17 juin et 1ᵉʳ juillet 1568. Ceux-là, nous nous bornons à les signaler, parce que nous n'y voyons aucune désignation des « meubles » réclamés.

Mais il en est un autre sur lequel il convient de fixer l'attention. Ce document est ainsi conçu : « Sur le rapport fait par les Seigneurs députés, qu'ils avaient parlé à la reine, l'ayant suppliée de vouloir remettre les meubles que Sa Majesté tient

de Lescar, laquelle ils avaient trouvée de bonne
volonté pour les remettre, et incontinent aurait fait
exhibition de la crosse et mître par devant les d.
députés, — sur quoi a été arrêté que de rechef Sa
Majesté sera suppliée par Mess. Barbaste et Hospérien
d'exhiber la d. crosse et mître par devant le syndic
du chapître de Lescar, ou en son absence par devant
Mess. de Casenave et de Latorte, chanoines, aux-
quels Sa d. Majesté mandera par lettre de venir incontinent pour reconnaître si les d. crosse et mître
sont celles-là qui étaient toujours aud. Lescar ou si
elles auraient été changées par les commandataires
ordonnés par Sa d. Majesté ou autres, — et par
même moyen lesd. Barbaste et Hospérien la sup-
plieront de bailler la lettre que Monseigneur de Lescar
lui a envoyée touchant LA CAPSE DE ST-GALACTOIRE,
afin que par ce moyen on puisse poursuivre que lad.
capse soit rendue, avec tous les autres meubles
qui restent et sont par devers Sad. Majesté. — Dé-
libéré aud. conseil, le 9 juillet 1568. »

Où était donc à cette date la châsse de St-Galactoire ?
Telle est la question que nous devons tout de suite
nous poser, sans nous occuper de la crosse et de
la mître qui sont mentionnées dans la délibération

mais ne doivent avoir aucun rapport avec notre
sujet.

Le document qui précède nous prouve que cette
châsse ne se trouvait pas alors dans la cathédrale.

Il semblerait indiquer tout d'abord qu'elle était
entre les mains de Jeanne-d'Albret, « avec tous les
autres meubles qui restaient par devers elle; » cependant ce n'est guère admissible, car le conseil ecclésiastique, dans ce cas, n'eût peut-être pas osé parler
d'en « poursuivre » la remise.

Il serait plus naturel de croire qu'elle se trouvait
au palais épiscopal, en la possession de Louis d'Albret
(appelé Monseigneur de Lescar parce qu'il était
seigneur évêque de cette ville), et qu'on demandait
à la Reine la lettre de celui-ci pour s'en servir de
titre au conseil, sans doute par suite de quelque
aveu quelle contenait.

La châsse de St-Galactoire n'était probablement
réclamée en 1568 qu'à cause de sa valeur matérielle,
vraiment considérable, d'après ce que dit Fondeville.

L'évêque Louis d'Albret avait, dès les premiers
moments des troubles religieux, abandonné tous ses

devoirs les plus sacrés, pour favoriser la destruction du culte catholique, faisant ainsi une tache scandaleuse dans l'histoire des prélats qui ont dirigé le diocèse Lescarien. Une châsse « faite d'argent et d'or » pouvait bien encore l'intéresser en 1568, mais quel compte aurait-il tenu des reliques de St-Galactoire, si la châsse les eût encore renfermées ?

Nous voulons croire que ces reliques ne lui furent pas livrées en 1563, après leur enlèvement de la cathédrale Notre-Dame. Le syndic du chapitre, qui « de tout ce qui était sacré était devenu maître, » resta toujours, il ne faut pas en douter, parmi « le plus grand nombre » des autres membres, lesquels, selon ce que rapporte Poeydavant, « n'abandonnèrent point la foi, mais s'attachèrent aux exercices de leur état avec un nouveau zèle, au risque même de leur vie. »

Pour préserver les précieux restes du saint martyr de Beneharnum contre toutes profanations futures, il dut en faire le dépôt dans un lieu moins exposé que la cathédrale, mais tout aussi digne de les recevoir.

Passons maintenant à l'année 1780.

V

Nous devons dire que nous avons l'avantage de
posséder aujourd'hui des notes fort étendues sur le
passé de la ville de Lescar et nous sommes heureux
d'ajouter qu'elles furent recueillies en grande partie
par un investigateur dévoué et infatigable, M. Louis-
Stanislas Barthety, qui, en les léguant à son fils,
nous a transmis ainsi le soin de les étudier et faire
connaître... Une de ces notes, puisée, sans doute,
aux archives locales, dans lesquelles il ne nous a
pas été possible encore de fouiller entièrement nous-
même, vient offrir un intérêt considérable pour le
sujet qui nous occupe en ce moment. Après divers
renseignements sur M. Brettevilois, qui fut archi-
prêtre de l'église St-Julien à Lescar, elle porte les

lignes suivantes, que nous reproduisons textuelle-
ment :

« Le 21 juin 1780, M. Brettevilois fit fouiller
dans le cimetière de son église, du côté de la maison
Ardentis et le long du mur qui borde l'allée de sa
maison sur la même ligne que l'église.

« On découvrit, à deux ou trois pieds du sol,
les murs de l'ancienne église St-Julien, dont le sanctuaire, près le mur de l'allée, formait la figure
ronde d'une coupole, avec deux chapelles collatérales,
aussi en coupole, à peu près comme à la cathédrale.

« Au milieu de la grande coupole du sanctuaire
se trouvaient les fondements du maître-autel bien
symétrisé.

« On découvrit dans le massif dudit maître-autel
3 petits coffres en marbre, que M. le curé soupçonna
être des reliquaires.

« Il fit prier MM. les grands vicaires de s'y trans-
porter pour voir faire l'ouverture de ces reliquaires.
En conséquence, MM. d'Arblade, de Lacomme,
théologal, de Lamarque et Dupuy, vicaires-généraux,
M. Costadoat, secrétaire de l'évêque, M. Petrus,
jurat, et des témoins, accompagnés de plus de 400

personnes, se rendirent sur les lieux. On fit l'ouverture desdites boîtes.

« Celle du milieu, plus élevée de 4 pouces (0,108 mill.) que les deux autres, se trouva contenir une urne en terre dans laquelle il y avait des cendres et des restes de linge. Ce coffre avait 2 pieds 4 pouces de longueur (0,758 mill.), 1 pied 3 pouces de largeur (0,406 mill.) et 1 pied 5 pouces de hauteur (0,460 mill.). Il était hermétiquement fermé d'un beau couvercle de pierre.

« Le coffre ou reliquaire de la droite vers le midi, contenait des os de personne artistement arrangés dans le coffre et bien sains, sans gerçure ni pourriture ; ces os étaient fort gros et semblaient frais. Le coffre avait 2 pieds de longueur (0,650 mill.), 1 pied 10 pouces 1/4 de largeur (0,602 mill.) et 1 pied 3 pouces 1/3 de hauteur (0,415 mill.).

« Le troisième coffre ou reliquaire de la gauche, vers le nord, avait 2 pieds de longueur (0,650 mill.), 1 pied 2 pouces de largeur (0,379 mill.) et 1 pied 9 pouces 1/4 de profondeur (0,575 mill.). Il contenait aussi des os et on observa qu'il y avait des parties de tête avec toutes les dents blanches et saines.

« On présuma que ces reliques étaient du corps de Saint-Julien, puisqu'elles avaient été placées dans des boîtes sous le massif du maître-autel d'une église qui lui avait été dédiée.

« MM. les vicaires généraux dressèrent un procès-verbal pour constater ces faits et firent déposer ces reliques dans un coffre à la sacristie dont ils prirent la clef, et ordonnèrent qu'elles seraient placées sous le marchepied de l'autel actuel de l'Eglise, avec défense de leur rendre aucun culte jusqu'à plus amples renseignements. »

L'Eglise *Saint-Julien*, nous l'avons déjà dit, existe encore à la Basse-ville de Lescar et ravive le souvenir de celui qui fut le premier évêque de Beneharnum. Sa construction n'eut lieu qu'après 1620, époque du rétablissement de la religion catholique en Béarn par Louis XIII. Elle s'élève sur les ruines de l'église du même nom qui avait été édifiée, vers 1030, par le comte Guillaume Sanche et qui, plus grande que celle-ci, s'étendait depuis le mur du clocher actuel, à l'ouest, jusqu'auprès de la maison Ardentis (Bacqué-Lucy), à l'est.

Comme le rapporte Marca dans son *Histoire de Béarn*, cette ancienne église fut « ruinée et démolie pendant les troubles advenus sur le fait de la religion l'an 1569. » Le nouvel édifice laissa au dehors toute la partie du sanctuaire détruit, que des décombres et des terres vinrent couvrir de manière à faire perdre d'abord la trace des « fondements du maître-autel » dans un sol transformé en cimetière, sauf l'extrémité *est* devenue un chemin qui conduit à la maison Piteu.

Quand arriva la découverte des « trois petits coffres » considérés comme des reliquaires, on présuma naturellement qu'ils contenaient les restes de St-Julien, puisqu'ils se trouvaient juste à la place de l'ancien maître-autel, dans une église dédiée à ce saint.

Nous ne saurions être de cet avis, car rien, dans les écrits historiques ni dans la tradition, n'a rappelé la conservation, en un lieu quelconque, des reliques du premier fondateur de la religion en Béarn. Et certes, leur existence aurait été connue, parce que pour les fidèles elles auraient été plus précieuses encore que celles de St-Galactoire, qui n'est pas, comme St-Julien, le patron de Lescar.

De St-Julien on n'avait conservé, d'après les dialogues de Fondeville, que les vieux livres qui disaient son histoire, comme celle du martyr son successeur ; et puisqu'ils avaient été placés à côté des restes

4

de St-Galactoire, il est hors de doute que les Les-cariens ne comptaient posséder que les reliques de ce dernier saint.

Nous ne saurions non plus admettre que dans les mêmes petits coffres se trouvât le corps de Guillaume Sanche, lequel cependant, d'après le récit de Marca, « fut enseveli dans l'église S. Julian de Lascar, au devant de la sacristie. » Ces coffres, par leur contenu, n'indiquent pas une simple sépulture, mais bien un dépôt de restes mortels exhumés antérieurement pour être ensuite plus soigneusement conservés.

En 1563, toutes les églises de Lescar ne subirent pas le sort de la cathédrale Notre-Dame. Le service du culte catholique dut bien cesser dans cette ville, mais les cérémonies de la religion nouvelle ne se firent que dans la cathédrale.

Ne serait-il pas possible que le syndic du chapitre et les autres prêtres demeurés fermes dans leur foi, eûssent retiré les restes de St-Galactoire de la châsse « faite d'argent et d'or, » pour n'abandonner que ce dernier objet à l'évêque apostat Louis d'Albret et sauver les reliques en les confiant au maître-autel de l'église St-Julien? Sans doute, cette hypothèse

est extrêmement risquée, mais on comprendra que
nous osions la présenter, en songeant aux diver-
gences des auteurs sur la façon même dont les reliques furent ravies à la cathédrale.

Si, contrairement à ce que l'on voit dans l'*Histoire
des troubles religieux en Béarn*, par Poeydavant, et
qu'on lit aussi dans les *Acta Sanctorum* des Bollan-
distes, le corps de St-Galactoire ne fut pas brûlé en
1569, ayant été préservé en 1563, comme le raconte
Fondeville, et par conséquent mis aussitôt en un
lieu convenable et relativement sûr, il est permis de
dire que peut-être les ossements découverts le 21 juin
1780 étaient les reliques du saint martyr.

Le curé Brettevilois faisait faire des réparations à
l'église St-Julien, et pour parer aux dépenses il se
procurait autant de ressources que possible. Il en
arriva ainsi à proposer la vente aux particuliers des
cercueils en pierre qui se trouvaient en grand nombre
dans les terres avoisinant l'église et qui avaient été
mis à nu lors de l'appropriation nouvelle du cimetière.
Il fallait que ces tombeaux ne continssent plus aucune
trace de dépouille humaine, pour que le clergé, toujours soucieux du respect dû aux cendres des morts,

consentit à livrer ces monuments funèbres à des usages profanes.

Cela dit, nous allons faire connaître une ordonnance de Mgr Marc-Antoine de Noé, dernier évêque de Lescar, en date du 29 novembre 1780, et relative aux travaux à exécuter à l'église à St-Julien :

« Il sera planté une croix dans le cimetière et dans le même endroit où l'on à découvert des urnes qui contiennent des *ossements qu'on présume être des reliques* ; à l'effet de quoi nous avons permis et permettons, pour ce qui nous concerne, que *les tombeaux en pierre qui ont été trouvés dans les fouilles qu'on a faites soient vendus* au plus offrant, etc.

« Les sieur curé et habitants de la même paroisse nous ayant témoigné le désir qu'ils auraient d'établir dans leur église la confrérie des agonisants et représenté que cet établissement ne nuirait en rien aux exercices des autres confréries qui existent dans notre cathédrale, leur avons accordé de faire à cet égard par devers nous, les démarches préalables pour obtenir de nous la confirmation que nous leur donnerons volontiers de cette pieuse association. — Nous leur permettons même de prendre les moyens convenables pour la construction d'une chapelle qui lui sera propre et dans laquelle seront inhumés *les ossements trouvés dans le maître-autel de l'ancienne église St-Julien.* — Et à tout événement, nous autorisons les futurs confrères à se faire concéder l'usage de l'une des chapelles subsistantes dans ladite église, etc...»

Que sont devenus les ossements qu'on présumait être des reliques ? Furent-ils placés « sous le marche-pied de l'autel de l'église, » comme l'ordonnèrent tout d'abord les vicaires généraux ? Dans le cas de l'affirmative, sous quel autel ? Sous le grand autel probablement. La chapelle que la confrérie des agonisants était autorisée par l'évêque à faire construire et dans laquelle devaient être transférés ces ossements ne paraît pas avoir été édifiée : peut-être la confrérie se fit-elle concéder simplement ensuite l'une des chapelles existant déjà. Laquelle ? Les ossements trouvés le 21 juin y furent-ils placés ? Les « plus amples renseignements » que l'on attendait se produisirent-ils pour démontrer que ces ossements étaient des reliques ? Et dans ce cas, y aurait-il des motifs assez plausibles pour y reconnaître les reliques de St-Galactoire ?

Bien que nous ne puissions donner aujourd'hui aucune réponse certaine à tant de questions successives, nous avons jugé très-utile pour l'avenir de consigner dans cette étude rapide toutes les observations qui précèdent. Qui sait si plus tard elles ne seront pas d'une haute importance, même au point de vue de l'histoire locale ?

Nous sommes forcé de nous demander en terminant comment le corps de St-Galactoire , enseveli à Beneharnum, s'est trouvé, depuis la disparition complète de cette antique capitale, dans la ville de Lescar, qui ne fut fondée que cent cinquante ans après pour devenir le nouveau siège du premier évêché de Béarn. Le sol de Lescar, comme la plupart des auteurs tendent à l'affirmer, est-il positivement celui de Beneharnum ? Tout porte à le croire, d'après les sérieuses quoique encore imparfaites recherches auxquelles on s'est livré jusqu'à ce jour. Les renseignements ci-dessus ajouteront aux preuves que l'on a déjà obtenues, mais qu'il est désirable de voir encore s'augmenter.

DU MÊME AUTEUR.

L'ANCIEN COLLÉGE DE LESCAR (Basses-Pyrénées), ses transformations et l'École normale primaire du département. — In-18, Pau, 1872.

DES ANCIENNES FORTIFICATIONS EN TERRASSEMENTS (extrait des travaux du Congrès scientifique de France, XXXIXe session à Pau.) — In-8°, Pau, 1874.

PRATIQUES DE SORCELLERIE ET SUPERSTITIONS POPULAIRES DU BÉARN (extrait du Bulletin de la Société des sciences, lettres et arts de Pau.) — In-8°, Pau, 1876.

SOUVENIRS DE Ste-QUITTERIE à Aire-sur-l'Adour (Landes). — In-18, Pau, 1876.

L'ANCIEN ÉVÊCHÉ DE LESCAR (extrait du Bulletin de la Société des sciences, lettres et arts de Pau.) — In-8°, Pau, 1876.

www.ingramcontent.com/pod-product-compliance
Lightning Source LLC
LaVergne TN
LVHW021701080426
835510LV00011B/1515